AF332344

V

Ⓒ

15575

MÉMOIRE.

publié à fontainebleau au mois D'octobre 1774.

FORMER des Etabliffemens avantageux à l'État ;
procurer aux Pauvres les moyens de fubfifter en les
occupant ; rendre leur travail utile & lucratif ; les y en-
courager en proportionnant leurs gains à leurs befoins ;
tirer parti avec avantage de la fituation des lieux ; n'em-
ployer que des matières du crû de la Nation ; furpaffer
l'Étranger dans la fourniture de fes matières ouvrées ;
faire circuler l'argent dans le Royaume fans l'en faire
fortir ; y créer une nouvelle branche de Commerce, c'eft
l'objet de ce Mémoire.

Fontainebleau, par le défœuvrement général & l'inaction continuelles des Pauvres, par la bonté de fes eaux,

A

par la vaste étendue de ses bois, par sa franchise, par sa position, par sa proximité avec la Capitale du Royaume, & plus encore par la Protection du Souverain, est le lieu le plus propre & le plus convenable pour y établir les Manufactures ci-après.

Si ces Manufactures n'étoient point étrangères, & les matières du crû de la Nation, malgré la certitude qu'on a de faire plus beau, meilleur & à plus bas prix que l'Étranger, on n'oseroit se flatter de mériter l'attention du Souverain, ni celle de ses Ministres ; mais comme cet Etablissement, sans préjudicier à aucun autre du Royaume, donne tous ces avantages ; qu'on ne le demande que pour la subsistance des Pauvres ; qu'ils en font le seul mobile, ce sera avec eux aussi que les bénéfices seront partagés, si la Cour, toujours zélée pour le bien public, daigne leur être favorable.

Les fonds d'environ vingt mille livres, dont douze déjà assurés, que l'on se propose d'y mettre la premiere année, suffisent pour mettre en état de travailler pendant ce tems ; mais pour pousser l'entreprise au point de faire vivre du gain de leur travail, les Pauvres dont la multitude accroît tous les jours avec leurs besoins, il

3

n'eſt de plus ſûr moyen pour y parvenir que la Protection du Souverain.

Les Velours gauffrés pour meubles & carroſſes que nous tirons d'Hollande, chaîne, trame de fil, & poil en fil de chevres, coûtent de 12 livres dix ſols à 13 livres l'aune, peſant 12 onces & demie. Ceux que l'on annonce chaîne & trame auſſi de fil, mais le poil en ſoie, peſant environ le même poids, ne reviendront à peu près qu'à 9 livres 15 ſols. Et ceux que l'on fera tout ſoie, peſant environ 11 onces & demie, ne revenant qu'à 12 livres cinq ſols, empêcheront, tant par leur beauté que par leur bonté, l'introduction de ceux de Hollande, ſans préjudicier toutesfois à la Fabrique de Lille, les qualités n'étant point les mêmes.

Les Velours en toutes couleurs, trame, chaîne & poil en ſoie, peſant 7 onces l'aune, ne revenant à la Fabrique qu'à 9 livres 5 ſols, on pourra ſe paſſer des Velours de coton d'Angleterre, premiere qualité, qui coutent 13 à 14 livres, ſans donner atteinte pour cela à nos Velours de ſoie premiere ſorte.

Zurich, Bologne, Génes qui nous fourniſſent les ſoies

moulinées pour nos ouvrages à la jatte & au boiſſeau ,
comme guides de carroſſe, cordons de luſtres, de ſon-
nettes, caparaçons, galons de livrée, &c. qui nous font
paſſer de même leurs ſoies filées pour nos étoffes communes, comme Moëres, Raz-de-Saint-Cyr & autres, ne
pouvant les établir qualité égale à ſi bon marché que
nous, ſeront forcés d'abandonner malgré eux cette branche de commerce.

Toutes les ſoies provenant des déchets, Bour, &c.
ſeront par l'induſtrie économique du Fabricant miſes
en état d'être filées aſſez fines & aſſez unies pour rem-
plir ces différens objets, & quoique plus belles que celles
d'Italie & de Suiſſe, elles coûteront moins.

A l'égard des ſoies torſes, dites d'Angleterre, propres
à faire des filets pour bouffantes, coëffes, manchettes,
garnitures de robes, &c. que nous tenons des Anglois, le
Fabricant qui les fait préſentement ſupérieures chez lui,
les continuera de même, & toujours à plus bas prix.

Comme ce n'eſt que par un long travail , par une
application conſtante dans les plus pénibles recherches ,
& à la ſuite heureuſe de tous les eſſais analogues à ſon

objet , que le Fabricant a trouvé enfin cette fupério-
rité dans l'apprêt & dans la filature, il ofe dire hardi-
ment que cette découverte fera d'un prix infini à l'État.
La preuve ne fouffre point de replique.

Nos Soies de rebut devenant fupérieures à toutes
celles qui ont paru jufqu'à ce jour, la confommation en
deviendra beaucoup plus grande ; par conféquent cet argent , qui ne circulera que dans le Royaume, en don-
nant un nouveau luftre au commerce , en rehauffera
tout l'éclat.

Le Fabriçant, à cet effet, a formé lui-même fes
Ouvriers, & dirigé fous fes yeux fes uftenfiles. Il eft
neveu du fieur Pottier de Lille en Flandres , Fabricant
de Velours d'Utrecht. Il ne propofe que des ouvrages
qu'il a faits en petit toute fa vie, & qu'il s'offre de faire
ici en grand avec ce même degré de perfection qu'il a
annoncé ; mais comme ce n'eft qu'à l'œuvre qu'on con-
noît l'Ouvrier, le Fabricant ne demande rien qu'après
avoir prouvé la bonté de cet Etabliffement par les grands
avantages qu'il procurera à l'Etat , & par les produits
réels & effectifs qu'il rapportera.

Ces Fabriques , avant trois ou quatre ans, pourroient

faire pour cinq ou fix cens mille francs d'ouvrages, occuper douze à quinze cens perfonnes, & en moins de dix ans, rembourfer, par leurs bénéfices, tous frais, faux-frais & intérêts prélevés, les fommes deftinées à bâtir dans l'emplacement qu'on efpere que Sa Majefté voudra bien accorder.

Il eft bon d'obferver que ces Fabriques, faifant les ouvrages à l'ufage de la Cour, elles auroient un débit confidérable, par la préférence qu'on donne naturellement au meilleur marché.

Si l'effai que l'on a fait à Fontainebleau pour des filatures & toiles de coton, n'a pas réuffi, c'eft par l'impoffibilité de vaincre la concurrence des autres Fabriques du Royaume en ce genre, & par le trop modique bénéfice des Ouvriers, ainfi que l'a très-fagement remarqué l'Infpecteur envoyé l'année derniere fur le lieu; celui-ci ne craint aucune de ces difficultés.

La mife des fonds eft toute affurée, puifque la Cour & les Intéreffés auront toujours fous les yeux les objets repréfentatifs de leurs capitaux, & qu'ils pourront, quand ils le voudront, vérifier le bénéfice ou la perte, fi tant eft qu'il pût y en avoir.

Comme il ne faut point de fonds majeurs pour les métiers & uftenfiles néceffaires en commençant ces Fabriques, on ne doit point craindre qu'ils abforbent les premieres mifes, dès qu'on n'en fera qu'à fur & à mefure, que les Ouvriers fe formeront, & que les fonds viendront à l'aide pour les porter au degré qu'on fe propofe.

Le Fabricant offre de donner des tableaux raifonnés & détaillés de chaque opération, dans lefquels il y démontrera, avec autant de jufteffe que de clarté, les bénéfices qui doivent en réfulter.

Cet Etabliffement étant pour les Pauvres, la Religion & la Charité nous invitent à les fecourir. S'il plaifoit à Sa Majefté accorder auxdites Manufactures, foit fur les Œconomats, Bénéfices, Loteries, ou fur tous autres, telle fomme qu'Elle jugeroit à propos; ces moyens feroient plus que fuffifans pour en faire un Etabliffement du premier ordre dans ce genre, qui, loin d'être onéreux à l'État, lui deviendroit au contraire avantageux.

MÉMOIRE.

Soulager le peuple dans ſes béſoins ; tirer les pauvres de l'indigence ; leur donner des ſecours prompts & abondans ; les affranchir à jamais de la miſere ; leur aſſurer pour toujours un ſort doux & tranquille, c'eſt ce qu'a eu la conſolation de faire le ſieur Châalon, Curé de Fontainebleau, dans ce pays de ſtérilité, qui n'a pour ſubſiſter d'autre reſſource que les bienfaits du Roi, inférieurs de plus de moitié à ſes beſoins.

L'interruption des Ouvrages du Château ; la ceſſation des travaux dans la Forêt & ſur les grands chemins, ont forcé le Curé à accélérer l'exécution du projet de la Manufacture de Soierie, qu'il eut

A

l'honneur de préſenter, la Cour derniere, à leurs Majeſtés en faveur des pauvres.

Pouvoit-il mieux exercer la charité, qu'en banniſſant, par un travail utile & lucratif, l'oiſiveté d'un peuple que ſon inaction conſtante avoit fait regarder juſqu'à ce jour, comme ennemi du travail, incapable de faire le moindre ouvrage délicat ou difficile; mais ſa main d'œuvre détruit ce préjugé.

Le Curé, guidé par ſon zele toujours infatigable & induſtrieux pour le bien public, plus animé encore par ſon amour tendre & paternel pour les pauvres, voit de jour en jour le ſuccès paſſer ſon attente; puiſque les Ouvriers qu'on a formés, de l'aveu des plus grands connoiſſeurs, ont pouſſé la filature au plus haut dégré de perfection, d'où dépend tout le ſuccès de la fabrication des Étoffes de Moire, Croiſé, Raz de Saint-Cyr, Raz de Saint-Maur, &c. Pourroit-il donc ne pas compter aujourd'hui ſur les eſpérances qu'on lui fit concevoir alors, de venir à ſon ſecours, dans le cas que cet établiſſement fût utile à l'Etat ſans lui devenir onéreux?

Pour diſſiper & anéantir à la fois les idées déſavantageuſes que certaines perſonnes mal intentionnées avoient d'abord donné de cette Fabrique, & que plus malicieuſement encore, elles s'efforcent de répandre dans le Public. Le Curé fupplie Sa Majefté de vouloir bien nommer des Commiffaires pour en vérifier le travail, afin que fur le rapport qui en fera fait, la Cour pleinement inftruite & fatisfaite, ne puiffe point douter de la certitude des avantages réels de cette Manufacture pour les Habitans de Fontainebleau. Or, fi d'après l'examen defdits Commiffaires, il confte par l'ouvrage exiftant que depuis fept mois feulement, époque de la création de cet établiffement, il y a, à dater du premier Septembre un bénéfice clair & effectif, proportionné au peu de fonds qu'on y a placés. Quel avantage ne doit-on point en attendre au bout de l'an avec des fonds majeurs, fi la Cour daigne le protéger ? Nier l'exiftence d'un fait, feroit fe refufer à l'évidence.

Depuis le premier Février qu'a commencé cette Fabrique jufqu'au premier Septembre de la préfente année, il y a eu 12000 livres d'employées pour tous frais. Cet établiffement a de plus un pareil fonds affuré, tant en argent qu'en marchandifes, toutes dettes payées, fans à ce comprendre les meubles, uftenfiles & métiers dont il refte pourvu ; mais comme ce fecours ne fauroit fuffire pour amener l'abondance dans une Ville, qui ne connut jamais que la plus affreufe mifere, fur-tout lorfqu'elle eſt privée de la Cour; il faut pour cela occuper de toute néceffité huit à neuf cens Oúvriers que l'on promet à la Cour prochaine, s'il plaît à Sa Majeſté, d'accorder à cet effet à ladite Manufacture un emprunt fans intérêt.

Le Tableau ci-joint, prouve la facilité & la certitude de pouvoir rembourfer à l'État cette fomme en peu d'années. Le fuccès de l'entreprife ne dépend uniquement que de la perfection des étoffes & du débit. La perfection des étoffes eſt affurée par la fupériorié de l'apprêt des foies, & par la beauté de la filature. Le débit n'en eſt pas moins certain, dès-lors qu'on peut donner les étof-fes à meilleur marché, ce que l'on fera, en voici la preuve : la main d'œuvre n'étant point chere, le fil de foie de Fontainebleau, provenant des bourres & déchets, étant affez beau pour fuppléer en partie à l'organzin qui coûte 37 liv. 10 fols dans les chaî-nes pour les étoffes, & dans les trames pour les gazes, il n'y a pas de doute qu'on ne puiffe donner alors les étoffes & les gazes déja faites à meilleur compte. Il en feroit de même des velours gauf-frés, des velours raz & autres, fi on en fabriquoit.

Le bénéfice qui réfulte du Tableau, ainfi qu'on vient de le montrer, n'eſt donc point un être ima-

(5)

ginaire; tout y préfage au contraire un fuccès affuré.
Les Ouvriers font déja formés ; les premieres per-
tes font faites, ainfi que l'acquifition d'une bonne
partie des meubles, uftenfiles & métiers. Tant d'a-
vances deviendroient-elles inutiles? Tous ces avantages feroient-ils perdus? Pour porter cet établiffement à fon degré de perfection, on ne demande
qu'un emprunt fuffifant fans intérêt, tel qu'il plaira
à Sa Majefté l'accorder. On ofe l'efpérer de la fa-
geffe & de la bienfaifance d'un Prince, que la
douceur de fon caractere, la bonté de fon cœur,
& fon attention pour le bien de fes Sujets, ren-
dront à jamais immortel.

M. le Cardinal de Luynes, Archevêque de Sens,
& M. le Marquis de Montmorin, Gouverneur de
Fontainebleau ont bien voulu accepter le tître
de premiers directeurs honoraires de cette Manufacture, qui fous l'augufte protection de la meilleure
des Reines, la douce confolation des pauvres,
l'efpoir chéri des malheureux, l'Idole de fon
peuple & l'amour des François, va affurer la fubfif-
tance à l'artifan défœuvré, à l'homme de journée,
à l'ouvrier, au manœuvre, à fa femme & à fes
enfans.

Pour obvier aux abus qui pourroient fe glifler
dans l'emploi des fonds & pour la fûreté des de-

niers de l'État , Sa Majefté eft très-humblement fuppliée de vouloir bien ordonner qu'il foit formé un Bureau auquel les Commis & Employés dans ladite Manufacture feront tenus de rendre exacte- ment tous les huit jours leur compte, dont copie fera envoyée tous les mois aux Miniftres par un Infpec- teur agréé par la Cour. Avec des précautions auffi fages & des mefures fi bien prifes, peut-on craindre de mauvaife adminiftration ?

Le feul moyen donc d'empêcher de périr le peu- ple de Fontainebleau, de le foulager & de le faire fubfifter, eft l'établiffement folide d'une Manufac- ture. Or comme l'expérience démontre claire- ment aujourd'hui que le genre de travail dont on a donné le projet, eft le feul analogue à fon goût, à fon génie & à fon caractere, il doit être fans contredit préféré exclufivement à tout autre. Tous les moyens qu'on a pris jufqu'ici ont été fans fuc- cès, quoiqu'ils aient beaucoup coûté à la Cour & à l'État ; celui-ci au contraire ne coûtera rien à l'un ni à l'autre, puifque les deniers qu'on avancera fe- ront remboursés.

Les pauvres font tous intereffés au prompt agran- diffement de l'entreprife, non feulement, par la néceffité forcée de travailler pour vivre ; mais plus encore par les grands avantages qu'ils en retireront, puifqu'ils auront moitié part au bénéfice. De ce produit, s'il eft remis au fieur Chaalon , il fe propofe dabord de leur faire le pain. Cet établiffement ne coûtera que les premiers frais , c'eft-à-dire, que la même fomme de 5000 liv. qu'il paye dans les années communes aux boulangers pour le pain, lui fuffira pour faire à propos des provifions de bled qui lui vaudront un tiers de plus. Ses vœux enfin feront remplis, s'il peut parvenir à fonder dans les maifons de Charité, déja établies, des lits pour les incurables, ou les vieillards décrépits & caffés qui font fans fecours, ou qui n'en ont que de très-foibles : la Charité fera les premieres dépenfes.

Que n'a point à efpérer, le Curé, de la générofité compatiffante des Seigneurs de la Cour & de fes Miniftres ? S'ils daignent faire attention que ces malheureux qu'il foulage font les enfans des anciens ferviteurs du Roi, des Princes , des Seigneurs qui compofent fa fuite ; & que les penfions accordées aux peres , ne paffant point à leurs enfans ils tombent néceffairement à leur mort dans la mifere & la multiplient chaque jout.

La Cour n'ignore point les efforts qu'il faut faire tous les ans pour procurer aux maifons de Charité

des fecours qui fuffifent à peine ; il eft donc nécef-
faire pour les alléger & les empêcher de tomber,
de trouver un moyen qui, en diminuant les charges,
en diminue les dépenfes ; il n'en eft point de plus
prompt, & ne peut y en avoir d'auffi fûr, que celui de l'établiffement de cette Manufacture.

D'après ces obfervations, il eft affuré que le produit du bénéfice qui reviendra aux pauvres de la
Manufacture, que le Curé n'a uniquement établie
que pour eux & en leur nom, fournira dans peu,
par fon travail, des fonds fuffifans pour l'entre-
tien & la confommation de cette bonne œuvre, fans
être à charge à l'État ni à la Cour.

Quel peuple alors plus heureux que celui de Fontainebleau ? Le pauvre de toute efpece, de tout
fexe & de tout âge fera foulagé. Le marchand, l'artifan, le bourgeois - même verront accroître leurs
revenus par la plus grande confommation de leurs
denrées, parce que plus le pauvre gagne, plus il
dépenfe, & plus par-conféquent l'argent circule ;
toute Ville commerçante eft toujours opulente.

LADOUZ DE *FLEURY*, *Ecuyer*.

Vu, permis d'imprimer, à Sens, ce 23 Septembre 1775.
SALLOT DE VARENNES, Maire.

A Sens, de l'imprimerie de P. Hardouin TARBÉ, Imprimeur de S. E. Mgr
le Cardinal DE LUYNES, Archevêque de Sens, 1775.